AF468882

Emile Picot

LES DROITS

DE LA

ROUMANIE

BASÉS SUR LES TRAITÉS

PAR UN ANCIEN DIPLOMATE

[Emmanuel Crețulescu]

353

1874

PRÉFACE

La Roumanie est-elle une province turque? ou bien est-elle un Etat indépendant, jouissant de tous les droits qui dérivent de la souveraineté d'une nation?

Telle est la question que plusieurs diplomates se sont posée, dans ces derniers temps, et que les publicistes agitent en ce moment avec vivacité.

Nous avons pensé que la plus simple manière d'y répondre, serait de publier *in extenso*, comme nous le faisons ci-après, les capitulations conclues entre la Roumanie et la Sublime Porte, du quatorzième au seizième siècle.

C'est sur ces actes qu'est fondée l'autonomie roumaine, c'est d'après eux que doivent se régler les rapports existants entre ces deux pays : il est donc très naturel de les connaître, avant de se prononcer sur le sort d'une nation qui ne demande qu'à vivre selon la loi et sur la foi des traités.

N'est-ce que de la conclusion du traité de Paris de 1856 que date l'autonomie, les droits et privilèges de ces deux Principautés du bas Danube? Non, assurément; quoique bon nombre de personnes semblent le croire.

L'autonomie, la véritable souveraineté de ces deux pays, formant aujourd'hui un seul Etat, sous le nom de Roumanie, a existé de tout temps: les anciennes capitulations le constatent. Le traité de Paris de 1856, comme la Convention de Paris de 1858, n'ont fait que garantir cette autonomie, que reconnaître ce qui existait déjà et lui donner une nouvelle vie, qu'admettre enfin à faire partie du droit public européen ce qui était limité dans le cercle étroit de l'Europe Orientale.

En effet, l'art. 22 du traité de Paris dit:

« Les Principautés de Moldavie et de Valachie continueront à jouir, sous la suzeraineté de la Porte et sous la garantie des Puissances contractantes, des privilèges et des immunités *dont elles sont en possesion.* »

L'art. 23 du même traité ajoute:

« La Sublime Porte s'engage *à conserver* aux dites Principautés une administration indépendante et nationale, ainsi que la pleine liberté de culte, de legislation, de commerce et de navigation. »

Le traité de Paris déclare donc formellement que les droits des Principautés existaient déjà avant ce traité, lequel ne fait que maintenir et garantir ce qu'elles possédaient.

Mais sur quels actes était basée cette autonomie ?

La convention de Paris du 19 Août 1858 le dit expressément dans sont art. 2 :

« *En vertu des capitulations* emanées des Sultans Bajazet I, Mahomed II, Selim I et Soliman II, *qui constituent leur autonomie, en réglant leurs rapports avec la Sublime Porte,* et que plusieurs hatti-chérifs, notamment celui de 1834, ont consacrés ; conformément aussi aux articles 22 et 23 du traité conclu à Paris le 30 Mars 1856, les Principautés *continueront* de jouir, sous la garantie collective des Puissances contractantes, des privilèges et immunités *dont elles sont en possession.* »

Les anciennes capitulations des Roumains, base de leur autonomie, ont ainsi reçu une consécration solennelle, et font partie, à partir de 1856, du nouveau droit public européen.

Donc, en nous référant à ces capitulations, il nous sera aisé de constater l'étendue de l'autonomie roumaine et la nature des rapports qui existent entre la Roumanie et la Sublime Porte.

En ce qui concerne l'autonomie ou la souveraineté intérieure de la Roumanie, un léger examen de ces actes nous fait voir que cette souveraineté est bien réelle :

Ainsi, ce pays se gouverne d'après ses propres lois. (Cap. 1391, art. 1. - Cap. 1460, art. 5. - Cap. 1511, art. 4. - Cap. 1529, art. 2.) - La Porte n'a aucun droit d'ingérence dans son administration. (Cap. 1460, art. 2. - Cap. 1511, art. 4. - Cap. 1529, art. 3). - Son Prince est le seul souverain du pays, et il est élu par la nation. (Cap. 1391, art. 4. - Cap. 1460, art. 4 - Cap. 1511, art. 5. - Cap. 1529, art. 11.)

Les Turcs ne peuvent point s'établir dans ces pays, ni y acheter des terres, ni bâtir des mosquées, ni même pénétrer plus avant dans l'intérieur du pays sans une autorisation expresse du Prince. (Cap. 1460, art. 10. - Cap. 1511, art. 8. - Cap. 1529, art. 7) etc. etc.

En ce qui concerne la souveraineté extérieure, ces capitulations ne sont pas moins explicites pour démontrer que, sauf le paiement d'un tribut ou don annuel, la Roumanie est un Etat parfaitement indépendant.

Les deux capitulations de 1511 et de 1529 déclarent, par leur premier article, que ce pays *est libre et non conquis.* - Celle de 1460 ajoute que le Sultan n'éxige autre chose que *la suprématie sur la souveraineté* de ce pays - ce que les publicistes modernes nommeraient *une alliance inégale.* (Cap. 1460, art. 1.)

Ces capitulations mentionnent encore spécialement que les Princes de ces pays ont le droit *de faire la guerre et la paix.* (Cap. 1391, art. 1. - Cap. 1460, art. 5)

Toutes ce dispositions formelles étaient suffisantes pour faire voir que ces pays n'ont point renoncé à leur souveraineté extérieure; néanmoins la capitulation de 1529 déclare encore dans son art. 9 que le pays se reserve le titre *de pays indépendant,* « lequel sera reproduit dans tous les écrits que la Porte Ottomane adressera au Prince. »

Ces capitulations ne sont point des actes de générosité émanant des Sultans, comme on a souvent l'habitude de le faire dire à Constantinople. Ce sont de véritables conventions, librement consenties entre deux parties contractantes, et contenant des dispositions synallagmatiques. Chaque partie s'y oblige à quelque chose; la Roumanie contracte des obligations; mais la Sublime Porte en contracte aussi; nous avons vu qu'elle s'oblige à respecter le territoire, les droits et l'indépendance des deux Principautés; elle s'oblige de plus à les défendre contre tout ennemi, en échange du tribut qu'on lui paye.

En effet, dans l'art. 1 de la capitulation de 1460, il est dit que « le Sultan consent et *s'engage*, pour lui même et pour ses sucesseurs, à protéger la Valachie et *à la défendre* contre tout ennemi. »

Par la capitulation de 1511, art. 3, il est également stipulé que « la Porte *s'engage* à défendre la Moldavie tontre toute agression éventuelle, etc. »

La capitulation de 1529 n'oublie pas non plus de prescrire, dans son art. 12, que « le pays sera défendu par la Porte Ottomane dans toute circonstance où la nation moldave demanderait son appui et son secours. »

Après cet aperçu rapide des dispositions contenues dans ces capitulations, nous pouvons déclarer qu'il n'y a rien de plus catégorique, de plus clair, de plus formel que les stipulations de ces actes, qui prouvent l'existance et la souveraineté intérieure et extérieure de la Roumanie.

On peut cependant se demander si les droits qui dérivent de cette souverainete ont été exercés postérieurement même à la signature de ces capitulations.

L'histoire et de nombreux actes publics et internationaux sont là pour prouver l'affirmative, d'une manière irrécusable.

Un nombre considérable de traités et de conventions, conclus entre les Princes des deux Principautés, depuis le seizième siècle jusqu'à nos jours, et les Souverains de presque tous les Etats de l'Europe, prouve l'éxercice permanent des droits de ces pays. Ces traités n'avaient pas seulement en vue des intérêts commerciaux, des intérêts économiques proprement dits; c'étaient souvent des traités de paix, des traités d'alliance et autres par les quels on réglait des intérêts de la plus haute importance.

Et comment aurait-il pu en être autrement?

Les Roumains, par leurs capitulations avec la Turquie, non seulement n'ont pas renoncé à leurs droits de souveraineté, mais nous avons vu qu'ils ont mentionné expressément la possession des plus importants de ces droits, comme le droit de faire la guerre et la paix.

Or, il suffit qu'une nation possède ce droit, pour avoir en même temps le droit de conclure des traités politiques, de contracter des alliances, de se défendre, de disposer, en un mot, de son propre sort.

Tous ces droits les Roumains les ont exercés pendant des siècles. Les recueils de leurs traités et conventions conclus avec différents souverains sont volumineux. Nous en avons choisi au hasard quelques spécimens, que nous publions plus loin, comme supplément aux capitulations.

Ces traités réglent différents intérêts politiques ou économiques.

Ainsi le traité conclu en 1588 avec la reine Elisabeth d'Angleterre est plutôt un traité de commerce, par lequel on protège les intérêts des sujets anglais qui faisaient le commerce en Moldavie.

Le traité de 1598, conclu avec Rudolphe II, Empereur d'Allemagne, est un veritable traité d'alliance, que le Prince Roumain Michel le Brave a dû signer, pour se défendre contre l'envahissement et l'absorption de la Puissance Ottomane, alors si formidable. Les clauses de suggestion et d'hommage, stipulées en faveur de l'Empereur, s'expliquent facilement quand on pense que c'était la seule compensation que le modeste Prince Roumain pouvait offrir au grand Empereur, dans le seul et noble but de sauver sa nationalité et sa religion.

Le traité d'alliance avec le Prince de Transylvanie, conclu en 1655, n'a eu aussi pour but, indépendamment du réglement des frontières, que de confirmer l'alliance avec le roi de Hongrie.

Enfin le traité conclu en 1711, entre Cantémir, Prince de Moldavie, et Pierre-le-Grand de Russie, qu'est ce au fond si non un traité d'alliance?

Les engagements sont réciproques. La Russie s'engage à protéger la Moldavie, à lui garantir son territoire contre les attaques des Turcs, à payer son armée quand elle combattra ensemble avec l'armée russe contre *l'ennemi de la Croix*. Mais la Moldavie reste toujours pays libre et indépendant, et le grand potentat de la Russie donne au Prince Moldave, dans deux articles, le titre de *Souverain.*

Nous le demanderons: les puissants souverains d'Angleterre, d'Allemagne, de Russie auraient-ils consenti à signer des traités de commerce ou d'alliance avec les Princes d'un pays qui aurait été province turque privée des droits de la souveraineté?

Assurément, non. Si les modestes Princes des Principautés roumaines ont été admis à l'honneur de signer des traités à côté de représentants des autres souverains, c'est qu'on savait bien que leur pays n'avait pas été conquis, et qu'ils exerçaient tous les droits et jouissaient de tous les attributs de la souveraineté.

Ainsi, pour citer encore quelques exemples, dans un traité conclu en 1638 entre Mathieu Bassarab, Prince de Valachie, et Georges Racotzi, Prince de Transylvanie, celui-ci en parlant de la Valachie lui donne le titre de *royaume*: ce qui implique une reconnaissance encore plus formelle de sa souveraineté.

Dans un autre traité que Serban Cantacuzène, Prince de Valachie, a conclu le 28 Décembre 1688, avec les Czars Jean et Pierre de Russie, ceux-ci, en s'adressant au Prince roumain, s'expriment ainsi :

« Et toi *souverain* et Voïvod de Valachie,.... tenez-vous ferme, *n'annexez* pas votre pays à d'autres Etats, et *ne vous soumettez* pas à ces Etats, etc. »

Nous ne pouvons donc pas admettre qu'au 19me siècle les Grandes Puissances chrétiennes viendraient contester aux Princes roumains une souveraineté et une indépendance que les Czars de Russie leur reconnaissaient dès le 17me siècle !

Et de notre temps, quand des Puissances comme l'Autriche, l'Allemagne, la Russie, ont conclu avec la Roumanie des traités ou conventions postales, télégraphiques, d'extradition, etc., n'ont-elles pas reconnu, par ce fait, la souveraineté extérieure de l'autre partie contractante? Oui, assurément ; car il n'y a que les nations souveraines qui puissent conclure des conventions internationales, à quelque titre que ce soit : c'est un principe généralement admis par l'usage international et par les publicistes.

Dernièrement, le 14 janvier 1872, la Turquie elle même a bien consenti à signer à Rome, à côté du délégué roumain, une convention télégraphique internationale, où chaque pays signait *à titre de Puissance.* L'art. 61 dit expressément : « La présente convention sera soumise à des révisions périodiques, *où toutes les Puissances qui y ont pris part* seront représentées. »

C'est là encore un acte qui constate l'existence de la souveraineté de la Roumanie.

Tous ces faits multiples et positifs prouvent que la Roumanie a toujours exercé les droits qui émanaient de sa souveraineté, basée sur les capitulations que la Sublime Porte elle même doit invoquer pour légitimer ce qu'on appelle sa suzeraineté.

Néanmoins il serait difficile de concilier ces vieilles capitulations, qui constatent l'existence de la pleine souveraineté de la Roumanie - sauf le paiement d'un tribut, - avec les prétentions d'absorption ou plutôt d'usurpation que la jeune Turquie soulève depuis quelques années sur ce pays.

Ne pourrait-elle pas alors aller jusqu'à nier l'authenticité de ces capitulations ? Elle l'a fait. Le fera-t-elle encore ?

Quand les plénipotentiaires des Puissances Garantes eurent adopté l'article 2 de la Convention de 1858, dans lequel il est nommément fait mention des anciennes capitulations que les Roumains ont conclues avec la Turquie, le représentant de la Sublime Porte fit ses réserves, lesquelles sont ainsi formulées dans le protocole No. 15 de la séance du 10 Août 1858:

«Mr. le Plénipotentiaire de la Turquie croit devoir faire remarquer que la mention faite des capitulations dans la Convention ne pourra être interprétée comme une reconnaissance par la Sublime Porte de l'authenticité du texte cité par les Divan *ad-hoc*, et que, par conséquent, les dispositions de ce texte ne sauraient être obligatoires pour la Turquie.»

Dans un autre acte antérieur, dans une circulaire d'Aali Pacha du 28 Octobre 1857, adressée aux agents diplomatiques de la Turquie à l'Etranger, le ministre ottoman, combattant les voeux des Divans *ad-hoc* des deux Principautés, allait plus loin que ne devait aller son successeur; il contestait l'existence même de ces capitulations. Il disait, en effet, en parlant des orateurs des divans *ad-hoc* de Bucharest et de Jassy:

«Il est vrai que, pour sauver les apparences

ou pour mieux cacher leur arrière-pensée, ils ont parlé de leur désir de respecter les anciennes capitulations avec la Sublime Porte, capitulations dont les originaux n'existent nulle part au monde et qui ont été violées, déchirées plus d'une fois par les Moldo-Valaques eux-mêmes.»

Mais l'illustre homme d'Etat Ottoman oubliait que si la Turquie contestait l'existence même de ces capitulations, elle se contredirait cruellement avec les faits du passé, et elle se priverait du seul moyen de légitimer l'existence même de ses rapports avec la Roumanie.

Aussi, en 1858, les diplomates ottomans abandonnèrent ce système et ils laissèrent dire dans l'art. 2 de la Convention de Paris que «les anciennes capitulations des Principautés *règlent leur rapports avec la Sublime Porte.*»

Le représentant ottoman se borna à cette époque à faire seulement ses réserves en ce qui concerne *l'authenticité du texte* de ces capitulations.

Mais quelle est la valeur de ces réserves? Quelle est leur importance réelle?

La conférence n'en a point pris acte. Elle s'est borné à les faire consigner dans un protocole à titre de pure mention, et pour l'exactitude seulement du compte-rendu de la séance. Plusieurs autres incidents pareils ont été mentionnés dans les protocoles des séances de la Conférence, sans qu'il en résultât pour cela une force obligatoire pour personne. Les autres Plénipotentiaires n'ont pas même cru nécessaire de soumettre à une discussion quelconque les réserves faites par la Turquie. On s'est contenté de les enrégistrer, et on a passé outre, en maintenant le texte de l'article qui reconnaissait formellement les capitulations que les Roumains ont signées avec les anciens sultans.

Le plénipotentiaire turc lui-même a reconnu l'inanité de sa déclaration; car il a lui même signé l'acte de la convention qui constate, d'une manière obligatoire pour tous, que «l'autonomie roumaine et les rapports des Roumains avec la Sublime Porte sont basés sur ces anciennes capitulations.»

La Sublime Porte ne pourrait donc plus aujord'hui, annuler ou même affaiblir, par sa simple négation, une disposition formelle stipulée dans un acte international.

Si elle prétend que le texte de ces capitulations, tel qu'il est reproduit par tous les publicistes, n'est pas authentique ou n'est pas exact, qu'elle produise alors son texte à elle, le quel sans doute serait plus exact, plus authentique. Le texte que les Roumains ont produit dans les Divans ad-hoc, que nous publions plus loin, et que les Puissances Garantes ont eu en vue quand elles ont affirmé que ces capitulations *constituent l'autonomie roumaine*, est celui qui est donné par les historiens et les publicistes des siècles passés. C'est le seul texte connu; il n'en existe point un second.

Si la Turquie affirme que ce texte est faux, qu'elle produise des actes qui prouveraient cette fausseté. Aali Pacha disait que les originaux de ces actes n'existent nulle part dans le monde. Si, ils doivent exister quelque part: ils doivent exister dans les archives de Constantinople. Que les diplomates ottomans veuillent bien les chercher dans les régistres, dans les *Kioutouk* de l'Empire où se trouvent inscrits tous ces actes, et s'ils trouvent un autre texte que celui que tout le monde connait, et qui a acquis force de loi par des actes publics européens, qu'ils le présentent, et on le discutera.

Mais nous pouvons assurer d'avance que la Sublime Porte ne le fera pas, attendu qu'elle ne trouvera nulle part ni d'autres textes, ni d'autres actes que ceux que tout le monde connait.

Du reste, la Turquie a toujours reconnu, de fait, l'existence de ces capitulations, et elle n'a jamais contesté, avant 1857, l'authenticité du texte publié par tous les publicistes.

Elle devait connaitre le texte de ces actes qu'elle invoquait souvent dans plusieurs occasions. Quelque fois même elle réproduisait plusieurs dispositions de ces anciennes capitulations, dans ses *hatti-houmaïons*, ces décrets-lois qu'elle se croyait en droit, du temps de ses abus de pouvoir, d'octroyer en faveur des Principautés. Il en est ainsi surtout des hatti-houmaïons de 1803 et de 1834.

La Sublime Porte avait donc connaissance d'un texte qu'elle reproduisait dans d'autres actes.

Et quant aux originaux même d'où ces textes étaient tirés, elle devait bien les connaître; car elle a reconnu solennellement ces actes bien avant le traité de Paris de 1856 et la Convention de 1858.

En effet, la Russie, la première Puissance qui a fait reconnaître l'autonomie roumaine si long temps méconnue et étouffée, a stipulé formellement dans l'art. 5 du traité d'Andrinople de 1829, que « les Principautés de Moldavie et de Valachie s'étant, *par suite d'une capitulation*, placées sous la suzeraineté de la Sublime Porte etc., elles conserveront tous les priviléges et immunités qui leur ont été accordés, soit par leurs capitulations, etc. »

Or, lorsque la Sublime Porte a signé cet article du traité du 1829, elle a fait l'aveu qu'elle connaissait et l'existence et le contenu de ces capitulations. -Pourquoi ne les produit-elle pas aujourd'hui? Et pourquoi les conteste-t-elle?

Quand le Gouvernement Anglais a cru devoir faire des observations sur ce traité d'Andrinople, au sujet des Principautés, le chancelier de l'Empire Russe, Mr. de Nesselrode, par sa note du 21 Janvier 1830, adressée au prince, Lieven, ambassadeur de Russie à Londres affirma de nouveau et répéta encore que les droits et privilèges des Principaités *découlent des conventions qu'elles ont conclues avec la Sublime Porte.*

Il n'y a donc plus aucun doute sur le sens

que les parties contractantes ont attaché à l'art. 5 du traité d'Adrinople.

A la conférence de Vienne, dans la séance du 19 Mars 1855, on constata, par le protocole No. 3, que, sur la proposition du Baron de Prokesch, les capitulations avaient été reconuues comme la base des droits des Principautés, et que *c'est en vertu* de ces capitulations que ces Principautés continuaient *à relever* de la Sublime Porte.

Le représentant de la Turquie n'a point protesté à cette époque, et il n'a fait aucune réserve.

Dans une conférence tenue a Constantinople en 1856, entre quatre Puissances, la Sublime Porte n'hésita point à signer un projet de Convention, (qui n'eût aucune suite d'application) dont l'art. 1 disait expressément:

« La Porte confirme de nouveau les privilèges et immunités, dont les dites Principautés (Moldavie et Valachie) ont joui sous sa suzeraineté, depuis les capitulations qui leur ont été accordées *par les Sultans Bajazet* I *et Mahmoud* II. »

Mais les mêmes capitulations de Bajazet I et Mahmoud II sont mentionnées dans l'art. 2 de la Convention de Paris de 1858. Si la

Turquie a bien voulu en faire la nomenclature le 11 Février 1856, c'est qu'elle les possédait et qu'elle en connaissait la teneur et le contenu. Pourquoi donc ne les a-t-elle pas exhibé quand en 1858 elle a fait ses reserves dans la séance du 10 Août?

Il est donc incontestable que cette simple négation tardive de la Sublime Porte — si elle se produisait de nouveau — n'aurait aucune valeur, et ne pourrait nullement paralyser l'exercice des droits solennellement reconnus par des traités en vigueur.

Il résulte, en resumé, de tout ce qui précède:

Que l'autonomie ou, plutôt, la Souveraineté des deux Principautés roumaines du bas Danube se trouve basée sur les anciennes capitulations que les Princes de ces pays ont conclu avec les Sultans.

De ces capitulation il resulte, d'une manière précise et catégorique, que les Roumains n'ont point renoncé à leur souveraineté intérieure ou extérieure, et, que, sauf le paiement d'un tribut, donné en échange d'une autre obligation prise par la Porte, ces pays se sont reservé l'exercice de tous les droits souverains, et nommément le droit de faire la guerre ou la paix, qui est la base et l'indice le plus certain de la possession de tous les autres droits de souveraineté.

La suzeraineté de la Turquie se réduit ainsi, depuis surtout l'établissement d'une dynastie en Roumanie, au seul droit de demander le paiement d'un tribut annuel : de sorte que, si la Sublime Porte échangeait son titre de puissance suzeraine contre celui de Puissance garante, elle ne perdrait par grande chose, en fait, et elle gagnerait beaucoup sous d'autres rapports.

Les grandes Puissances européennes, ayant en 1856 et en 1858, garanti l'autonomie de ces Principautés, et ayant fait une mention spéciale de leurs anciennes capitulations, elles ont, par cela même, non seulement reconnu ces actes, mais elles les ont admis dans le nouveau droit public européen. Elles se sont engagé ainsi à regler les rapports de la Sublime Porte avec la Roumanie dans la limite seule et selon les prescriptions de ces capitulations.

La réponse à la question que nous nous sommes posée au commencement de cette préface serait donc facile à donner.

Nous dirions:

La Roumanie n'est pas une province turque. C'est un pays dont *l'autonomie est constituée et dont les rapports avec la Sublime Porte sont reglés* — comme s'exprime l'art. 2 de la Convention de 1858 — par les anciennes capitulations.

Donc c'est un pays indépendant, jouissant de tous les droits qui dérivent de la souveraineté.

Que la diplomatie, que les publicistes veuillent prendre connaissance de ces capitulations que nous publions ci-après, et ils arriveront à donner la même reponse que nous.

Ils concluront en outre:

Qu'il est de l'intérêt de l'équilibre en Orient que les grandes Puissances mettent d'accord les droits avec les faits sur le bas Danube; qu'elles reconaissent les principes solennellement déclarés par elles en 1856 et en 1858, et qu'elles en exigent l'application.

CAPITULATION CONCLUE

ENTRE

MIRCEA Ier, PRINCE DE VALAQUIE, ET BAJAZET Ier ILDERIM

à Nicopolis, 795 Rebiul-Evel (1391 de J. C.) (1)

Art. 1. — *Par notre grande clémence nous consentons que la Principauté nouvellement soumise par notre force invincible, se gouverne d'après ses propres lois, et que le prince de Valaquie ait le droit de faire la guerre et la paix, et celui de vie et de mort sur ses sujets.*

Art. 2. — *Tous les chrétiens qui, ayant embrassé la religion de Mahomet, passeront ensuite des contrées soumises à notre puissance,*

(1) D'après le texte publié en 1819 pas l'historien Dionissie Fotino dans « Ἱστορία τῆς πάλαι Δακίας » Tome III, pag. 369. — Archives diplomatiques. 1866. Tome 2-ème, pag. 293.

en Valaquie, et y deviendraient de nouveau chrétiens, ne pourront être nullement réclamés et attaqués.

Art. 3. — *Tous ceux des Valaques qui iraient dans quelque partie de nos possessions, seront exempts du haratche et de toute autre contribution.*

Art. 4. — *Leurs princes chrétiens seront élus par le métropolitain, les boyards et la nation.*

Art. 5. — *Mais à cause de cette haute clémence, parce que nous avons inscrit le prince dans la liste de nos autres protegés, il sera aussi, lui, tenu de payer par an, à notre trésor impérial, trois mille piastres rouges du pays, ou cinq cents piastres d'argent de notre monnaie.*

Tous les auteurs qui ont écrit sur l'histoire de l'Empire ottoman s'accordent à reconnaître que ce traité n'a pas été imposé à la Roumanie.

Mircea 1er, voyant la grande force de Bajazet 1er qui avait conquis toute l'Asie, la

Macédoine et la Bulgarie, et d'autre part menacé par Sigismond, Roi de Hongrie, crut qu'il était prudent et plus avantageux de mettre un terme aux hostilités avec la Turquie et de conclure avec le Sultan un traité de réciprocité. (1) Il pouvait ainsi concentrer toutes ses forces pour les opposer à l'armée de Sigismond.

La proposition de Mircea fut accueillie avec joie par Bajazet 1er, et l'histoire nous dit que le Souverain de la Turquie, en s'assurant l'amitié des Roumains, a profité de son alliance avec Mircea dans les conquêtes faites par lui et par ses successeurs jusqu'à la chûte de l'Empire grec.

---

(1) Hammer. Mouradja d'Ohson.

CAPITULATION CONCLUE

en 1460 à Andrinopole,

ENTRE

VLAD V, PRINCE DE VALAQUIE, ET MOHAMMED II (¹)

Art. — 1. *Le sultan consent et s'engage, pour lui-même et pour ses successeurs, à protéger la Valaquie et à la défendre contre tout ennemi, sans exiger autre chose que la suprématie sur la souveraineté de cette Principauté,*

(¹) Traduit d'aprés le texte publié en 1806 par Tounousli dans « Ἱστορία τῆς Βλαχίας » page 128, et en 1819 par Dionissie Fotino; ce dernier affirme qu'il a trouvé le texte de ce traité, ainsi que de celui de 1391, dans un livre qui lui a été donné par feu Alexandre Vacaresco, dont le père, le Grand Ban Jean Vacaresco, a réussi, pendant son séjour à Constantinople, à obtenir les copies des traités en question d'après les registres *(Kioutouk)* de l'Eumpire où se trovent inscrits ces actes.

dont les voïvodes seront tenus de payer à la Sublime Porte un tribut de dix mille piastres. [2]

Art. 2. — *La Sublime Porte n'aura aucune ingérence dans l'administration locale de ladite Principauté, et il ne sera permis à aucun Turc d'aller en Valaquie sans un motif ostensible.*

Art. 3. — *Chaque année, un officier de la Sublime Porte se rendra en Valaquie pour recevoir le tribut, et sera accompagné, à son retour, par un officier du voïvode jusqu'à Giurgévo, sur le Danube, où l'on comptera encore la somme remise, et l'on en donnera un second reçu; et lorsqu'elle aura été transportée de l'autre côté du Danube, la Valaquie ne sera plus responsable, quelque accident qui puisse arriver.*

Art. 4. — *Les voïvodes continueront d'être élus par l'archevêque, les évêques, les boyards et la nation, et l'élection sera reconnue par la Porte.*

Art. 5. — *La nation valaque continuera*

(2) Archives diplomatiques 1866. Tome II, page 294.

de jouir du libre exercice de ses propres lois, et les voïvodes auront le droit de vie et de mort sur leurs sujets, comme celui de faire la guerre ou la paix, sans être soumis, pour aucun de ces actes, à aucune responsabilité envers la Sublime Porte.

ART. 6. — *Tous les chrétiens qui, ayant une fois embrassé la foi musulmane, se rendraient en Valaquie, et reviendraient à la religion chrétienne, ne pourront être réclamés par aucune autorité ottomane.*

ART. 7. — *Les sujets valaques qui auraient occasion d'aller dans quelque partie que ce soit des possessions ottomanes, ne pourront être forcés de payer le haratche ou la taxe de capitation, à laquelle sont soumis les raïas.*

ART. 8. — *Si quelque Turc a un procès en Valaquie, avec un sujet de ce pays, sa cause sera entendue et jugée par le divan valaque, conformément aux lois locales.*

ART. 9. — *Tous les marchands turcs se rendant dans cette Principauté, pour y acheter ou vendre des marchandises, devront faire connaître aux autorités locales le temps qu'ils doivent y séjourner, et devront partir, lorsque ce temps sera expiré.*

Art. 10. — *Aucun ottoman n'est autorisé à emmener avec lui un ou plusieurs domestiques, natifs de Valaquie, de quelque sexe que ce soit, et aucune mosquée musulmane n'existera jamais dans aucune partie du territoire valaque.*

Art. 11. — *La Sublime Porte promet de ne jamais délivrer un firman à la requête d'un sujet valaque, pour ses affaires en Valaquie, de quelque nature qu'elles puissent être, et de ne jamais s'arroger le droit d'appeler à Constantinople, ou dans aucune autre partie des possessions ottomanes, un sujet valaque, sous quelque prétexte que ce puisse être.*

Deux ans après la conclusion de ce traité, Mohammed II, aveuglé par le succès de ses armes et par la terreur qu'il inspirait à l'Europe entière, voulut s'immiscer dans les affaires intérieures de la Roumanie, contrairement à l'Art. 1 du traité de 1460. Il envoya dans le pays deux ambassadeurs secrets, son secrétaire, le nommé Catabolino, et Chamus, l'un des hommes les plus distingués de la Porte, afin de tromper Vlad, au moyen de paroles fallacieuses, et de l'engager à se rendre à Constantinopole, (où on voulait l'étrangler); ensuite on devait faire proclamer Prince de la Roumanie, *Dracul*, son frère, qui était à la dévotion de Mohammed II.

Vlad comprit le piège qu'on lui tendait, et après avoir fait arrêter ces deux ambassadeurs, il leur fit couper les mains et les pieds, et les fit ensuite empaler. Aussitôt après, pour se venger de l'immixtion du Sultan dans les affaires du pays, il réunit sans retard son armée le long du Danube, et passant ce fleuve s'élança avec furie et impetuosité sur les provinces de Mohammed, brûla les villes et les maisons et passa au fil de l'epée jusqu'aux femmes et aux enfants. Après quoi il retourna dans le pays.

Mohammed, craignant une nouvelle invasion, donna ordre de réunir toutes ses forces et toute sa cavalerie, et le printemps suivant il envahit le pays à la tête de forces aussi considérables que celles qu'il avait conduites à la prise de Constantinople. (1)

Vlad, apprenant l'arrivée de Mohammed, se retira dans les montagnes de Prahova, où il engagea une lutte désesperée. A cette occasion Vlad, usant de la plénitude de ses droits de Souverain d'un état indépendant, droits reconnus par Mohammed II lui-même dans l'Article 2 du traité qu'il avait conclu avec lui, envoya un ambassadeur aux Hongrois pour leur exposer l'état des choses et pour demander leur appui.

Nous reproduisons in extenso, d'après Chalcondyle (1662 tome 1er, page 212), l'allocution de l'Ambassadeur de Vlad, qui prouve jusqu'à l'évidence l'indépendance absolue dont jouissait la Roumanie conformément à ses traités, et l'appréhension qu'avait le Prince Roumain en l'an 1462 de voir son pays sous la domination musulmane :

(1) Chalcondyle tome 1er, page 120.

„. . . *Vous n'ignorez point (comme ie croy)*
„ *Seigneurs Pannoniens, que nostre pays est*
„ *tout joignant le vostre, et que les uns et autres*
„ *habitons au long du Danube. Vous avez aussi*
„ *desia pu entendre (si ie ne me mesconte) comme*
„ *le grand empereur des Musulmans auec vne*
„ *puissance inestimable nous est venu courir sus.*
„ *Si doncques il gaste la Valachie et la réduit*
„ *à son obeïssance, sçachez pour vray qu'il ne*
„ *s'arrestera pas à si peu, estant mesmement*
„ *ses affaires parvenues à vn si haut degré de*
„ *grandeur et prosperité humaine, mais ne fau-*
„ *dra incontinent de s'attaquer à vous, et tourner*
„ *à vostre désolation et ruine la faueur de ses*
„ *armes ennemies du nom Chrestien, dont ie ne*
„ *faits doute que beaucoup de dangers ne se*
„ *préparent pour se venir avec le temps res-*
„ *pandre et descharger sur vos bras. Parquoy*
„ *l'occasion présente vous semond à nous donner*
„ *secours, afin que par ensemble nous taschions*
„ *(et au plus tot) de repousser ce commun*
„ *aduersaire hors de nos frontiers et limites.*
„ *Car il ne faut pas attendre qu'il nous ait acheué*

„ d'accabler du tout et rangé nostre peuple à „ vne seruitude misérable, ayant auec soy le „ ieune frère de nostre prince, qu'il tasche de „ nous donner pour seigneur; ains se mettre en „ deuoir de l'empescher, faisant en sorte que les „ choses ne luy viennent point du tout à souhait, „ selon son desir et intention . . . .

„ Les Hongres, ces remonstrances oüyes, virent „ bien qu'il n'estoit plus question de temporiser „ et se résolurent de secourir les Valaques en „ toute diligence.“

Les immunités et privilèges de la Roumanie d'au delà du Milcov, sont reconnus par des traités postérieurs conclus au XVI siècle. Par ces traités les Princes Moldaves ont aussi assuré au pays son autonomie et son indépendance complète.

En l'an 1497 le Sultan Bajazet II sollicita l'assistance du Prince Bogdan de Moldavie dans une expédition qu'il dirigeait contre la Pologne, Bogdan accueillit cette demande et il conclut avec Bajazet *un traité de réciprocité* que plusieurs auteurs mentionnent([1]) sans pourtant en reproduire le texte.

Aussitôt après que Selim eut détrôné son père Bajazet, le premier soin du nouveau Sultan fut de ménager l'amitié de Bogdan, et il renouvela en 1513 l'ancien traité par la capitulation suivante, sur le pied de la plus parfaite reciprocité.

CAPITULATION CONCLUE

En 1511

ENTRE BOGDAN, PRINCE DE MOLDAVIE, ET SÉLIM I ([2])

Art. 1. — *La Porte reconnait la Moldavie comme un pays libre et non conquis.*

Art. 2. — *La religion chrétienne, professée en Moldavie, ne sera jamais opprimée ni troublée, et la nation aura la libre jouissance de ses églises, comme par le passé.*

([1]) Hammer. tome 4. page 145.

([2]) D'après le texte publié par le Logothète Nicolas Costin et reproduit par différents historiens étrangers et indigènes.

ART. 3. — *La Porte s'engage à défendre la Moldavie contre toute agression éventuelle, à la maintenir dans l'état où elle se trouvait précédemment, sans qu'il lui soit fait la moindre distraction de son territoire.*

ART. 4. — *La Moldavie sera réglée et gouvernée par ses propres lois, sans que la Porte s'y ingère en aucune manière.*

ART. 5. — *Ses princes seront à vie, élus par la nation et confirmés par la Sublime Porte.*

ART. 6. — *La domination des princes s'étendra sur tout le territoire moldave; ils pourront entretenir à leur solde une troupe armée composée d'individus indigènes ou étrangers.*

ART. 7. — *Les Moldaves pourront entretenir et acheter une maison à Constantinople, pour la résidence de leur agent. Ils pourront également y avoir une église.*

ART. 8. — *Les Turcs ne pourront avoir ni acheter des terres en Moldavie; ils ne pourront non plus y bâtir ni s'y établir en aucune manière.*

ART. 9. — *En signe de soumission, le*

prince, conjointement avec la nation, aura soin d'envoyer chaque année à la Porte, par deux boyards de Moldavie, 4,000 ducats turcs, soit 11,000 piastres, 40 faucons et 40 cavales pleines, le tout à titre de présent.

ART. 11. — *En cas d'armement en guerre, le prince de Moldavie fournira à l'armée impériale le contingent qui lui sera demandé.*

En l'année 1529, à l'époque de la campagne contre Vienne, Soliman II a conclu sous sa propre tente, sous les murs de la ville de Bude (Ofen) un autre traité avec le Prince Raresch, Prince de Moldavie, par l'intermédiaire du Logothète Tautu, Ambassadeur de Prince Raresch. Ce dernier traité n'est qu'une reproduction du premier.

CAPITULATION CONCLUE

En 1529

ENTRE PIERRE RARESCH, PRINCE DE MOLDAVIE,

ET

LE SULTAN SOLIMAN II, LE MAGNIFIQUE [1]

Art. 1. — *Le sultan reconnait que la Moldavie est un pays libre et non conquis.*

Art. 2. — *La nation Moldave jouira comme anciennement de toutes ses libertés sans aucune molestation et sans que la Porte ottomane puisse y mettre aucune entrave. Les lois, us et coutumes, les droits et prérogatives de ce pays seront à jamais inviolables.*

(1) D'après une copie tirée des archives du Royaume de Pologne par le Chambellan Balsche, lorsqu'il se trouvait à Varsovie auprès du Roi Poniatovski.

Archives diplomatiques. 1866, Tome II, page 296.

Art. 3. — *Les princes exerceront librement leur domination sur le pays, comme autrefois, sans que la Porte puisse s'y ingérer en aucune manière directe ou indirecte.*

Art. 4. — *La Porte ne s'immiscera non plus dans aucune cause ou différend entre particuliers, mais c'est le prince, avec son assemblée, qui aura à le juger; en aucun cas, la Porte ne pourra y apporter un empêchement quelconque, d'une façon directe ou indirecte.*

Art. 5. — *Les frontières de la Moldavie seront conservées intactes dans toute leur étendue.*

Art. 6. — *L'exercice du culte musulman est défendu dans tout le territoire moldave.*

Art. 7. — *Aucun Musulman ne pourra avoir, à titre de propriétaire, en Moldavie, ni terre, ni maison, ni boutique; il ne pourra non plus séjourner dans le pays, pour affaire de commerce, qu'autant qu'il y sera autorisé par le prince.*

Art. 8. — *Le commerce de la Moldavie sera ouvert à toutes les nations commerçantes.*

Cependant les Turcs auront la préférence sur toute autre nation pour l'achat des produits du pays, qu'ils négocieront de gré à gré dans les ports de Galatz, d'Ismaïl, et de Kilia; mais ils ne pourront pénétrer plus avant dans l'intérieur du pays sans une autorisation expresse du prince.

ART. 9. — *Le titre de* **pays indépendant** *sera conservé à la Moldavie; il sera reproduit dans tous les écrits que la Porte ottomane adressera au prince.*

ART. 10. — *Les Turcs que la Porte enverrait avec des papiers à l'adresse du prince ne franchiront pas le Danube; ils s'arrêteront sur la rive opposée du fleuve, en remettant leurs dépêches au gouverneur de Galatz, qui les fera parvenir au prince, et en transmettra de même les réponses aux courriers de la Sublime Porte.*

ART. 11. — *Les princes de la nation moldave seront élus par les différentes classes de la population du pays. L'élection sera reconnue par la Porte, sans qu'elle puisse s'y ingérer, nommer le prince, soulever la moindre difficulté ou apporter la moindre entrave à ce sujet.*

Art. 12. — *Le pays sera défendu par la Porte ottomane dans toute circonstance où la nation moldave demanderait son appui et son secours.*

Art. 13. — *En retour de tous ces avantages, la nation moldave ne donnera à la Porte ottomane qu'un présent annuel de 4,000 ducats.*

Après avoir conclu avec la Sublime Porte les capitulations (traités) qui précédent, la Roumanie a continué d'exercer ce droit en négociant et en signant avec d'autres Puissances des traités et conventions d'alliance, de paix, de commerce, de navigation etc.

Nous reproduisons ci-dessous, comme spécimen, quelques unes de ces conventions que nous prenons au hasard dans les collections assez volumineuses qui nous tombent sous la main.

TRAITE DE COMMERCE

conclu le 27 Avril 1588

ENTRE

PIERRE, PRINCE DE MOLDAVIE, ET ELISABETH, REINE D'ANGLETERRE

Nous, Pierre, par la grâce de Dieu, prince de Valachie et de Moldavie, nous faisons connaître par ces présentes à toux ceux qui y sont et seront intéréssés, qu'entre nous et le seigneur Guillaume Hareborn, ambassadeur de la Sérénissime et très-puissante Dame Elisabeth, reine par la grâce de Dieu d'Angleterre, de France et d'Irlande, auprès du Sérénissime et très-puissant Empereur des Ottomans, il a été conclu l'arrangement suivant: à savoir que désormais tous les sujets de Sa Majesté, négociants ou autres, sont libres de s'arrêter dans notre pays, de s'y établir, de se livrer au négoce, vendre, contracter, en un mot de faire tout ce qui est exigé par le commerce, la société et l'usage, sans l'opposition ni le refus de personne et pourvu qu'aucune atteinte ne soit portée aux droits de perception, c'est-à-dire que pour chaque objet de la valeur de cent ducats, on perçoive trois ducats. Nous voulons que ce qui précède soit bien établi et assuré par notre convention. A cet effet et pour lui donner plus de force, nous l'avons revêtue de notre sceau. Fait à notre quartier général le 17 Août 1588.

TRAITE

ENTRE RODOLPHE II, EMPEREUR D'ALLEMAGNE,

ET

MICHEL LE BRAVE, PRINCE DE VALACHIE

Signé à Tergoviste le 9 Juin 1598 (1)

Art. 1. — *Sa Majesté Impériale et Royale nous donnera et nous fera compter en espèces par ses trésoriers, afin de défendre notre province et, si la fortune nous seconde, afin d'attaquer l'ennemi, la solde de cinq mille hommes, les dits seigneurs commissaires nous promettant de l'obtenir pour cinq autres mille hommes, ou de nous faire accorder soit leur équipement, soit un nombre égal d'auxiliaires,*

(1) Archives diplomatiques. Tome II. 1866.

pendant l'été le nombre complet, pendant l'hiver la moitié seulement. En outre il est convenu que le trésorier de Sa Majesté les soldera et en passera l'inspection tous les mois, et que si, par la volonté de Dieu, l'état des choses devient tel que ces troupes ne soient pas nécessaires, elles ne seront pas entretenues inutilement, ou du moins elles seront employees comme les circonstances le demanderont, ou comme Sa majesté Impériale et le Sérénisime Archiduc Maximilien l'ordonneront. De notre côté nous nous efforcerons dans toutes les occasions de repousser de la Transylvanie, de la Valachie et des autres parties de la Hongrie les Turcs et les autres ennemis, et dans ce cas après la victoire, nous nous engageons à suivre la volonté et les ordres, quels qu'ils soient, de Sa Majesté Impériale et Royale et du Sérénissime Maximilien. S'il arrivait que nous eussions besoin d'une plus grande armée, et qu'une nécessité absolue le demandât, Sa Majesté Impériale ou, en son nom, le Sérénissime archiduc Maximilien, son bien aimé frère, qui gouvernera désormais la Transylvanie au nom de Sa Majesté, viendra à notre secours avec des troupes plus considérables de la Transylvanie et d'autres lieux. Pareillement, si notre présence était nécessaire en Transylvanie ou dans les pays voisins, nous nous engageons à nous y rendre en personne au premier appel de Sa Majesté ou de l'Archiduc, moyennant paiement de nos troupes par le trésor impérial. Les canons, la poudre, les boulets et autres instruments de guerre nous seront fournis par Sa Majesté Impériale, ou, en son nom, par le Sérénissime Maximilien.

ART. 2. — *Afin que nous puissions donner ces secours avec plus d'attachement et d'amour et que nous nous consacrions sans réserve à la défense de la Chrétienté, Sa Majesté nous a donné à nous et à notre très cher fils Pierre la Valachie avec tous ses revenus, ses droits et ses frontières, pour la tenir et la posséder à perpétuité. Elle nous a donné cette province comme à ses vassaux et féaux feudataires, ainsi qu'à nos descendants en ligne directe du sexe masculin, sans que nous soyons tenu de payer aucun impôt ni tribut; et nous aurons cette principauté telle que nous l'avons possédée jusqu'à présent avec toutes ses libertés et privilèges, mais suivant l'ancien et louable usage, nous et nos successeurs nous lui ferons chaque année, comme à notre seigneur et roi, un présent d'honneur, à notre libre choix, qui lui témoigne du zèle et de la fidélité d'un féal fendataire. Nos biens propres et ceux de notre fils, hérités ou acquis de notre argent, seront transmissibles à notre gré aux légataires de notre choix, et nous pourrons en disposer librement selon notre volonté.*

Art. 3. — *S'il nous arrivait, ainsi qu'à notre fils, de mourir sans descendance masculine, ce dont, Dieu nous garde! Sa Majesté Impériale et ses successeurs, laissant aux boyards, aux états et ordres de Valachie le soin d'élire un Voïvode indigène et du rite grec, s'engagent à le confirmer et à le gratifier lui et ses heritiers d'une ville de Hongrie ou de Transylvanie avec les revenus suffisants pour son entretien. Ce que les dits Seigneurs commissaires nous ont garanti.*

ART. 4. — *Les dits seigneurs commissaires impériaux ont décidé que les transfuges qui, après avoir commis en Valachie une trahison on tout autre crime, cherchent asile en Transylvanie on en Hongrie, ne seront plus reçus dans les villes et les forteresses, et qu'il nous sera même permis de les poursuivre et de les faire arrêter partout où on les trouvera; de même les soldats d'infanterie ou de cavalerie qui, après avoir reçu leur solde, auront déserté, dans queque endroit qu'ils se trouvent, nous seront rendus.*

ART. 5. — *Quant à ce qui concerne le commerce des marchands de la Valachie, il est établi que, si leurs affaires ne sont pas au désavantage des villes libres de la Transylvanie ou qu'elles ne soient pas contrairesaux privilèges que possédent ces villes, un libre commerce leur sera permis dorénavant avec la Transylvanie, toutefois après qu'ils auront payé le tarif légal; les négociants transylvains, hongrois ou allemands auront le droit d'importer en Valachie ou d'en exporter les marchandises qu'ils voudront, après avoir payé la taxe imposée.*

ART. 6. — *Sa Majesté Impériale et Royale nous garantit l'exercice paisible de notre religion, et promet que nos évêques, nos prêtres et nos fidèles ne seront jamais gênés en rien dans leurs cérémonies ni dans leurs croyances.*

ART. 7. — *Les boyards ou les soldats de cette principauté qui auront bien mérité de la république chrétienne et de Sa Majesté Impériale et Royale et que nous aurons recommandés seront traités dignement; de même les nonces et les ambassadeurs que nous aurons envoyés à Sa Majesté Impériale et Royale et au sérénissime archiduc Maximilien recevront une prompte audience et une réponse digne de leur qualité et de leur mission, et seront traités d'une manière convenable.*

C'est ce que nous avons certifié par ces lettres munies et marquées de notre propre signature et de notre sceau authentique. Fait et donné dans l'église du bienheureux archevêque Nicolas, située sur la colline de Tirgoviste, notre capitale, ce neuf juin, l'an du Seigneur 1598, et le 23-ème de règne du Sa Majesté comme Empereur d'Allemagne, le 26-ème comme roi de Hongrie, et le 23-ème comme roi de Bohème.

TRAITE D'ALLIANCE ET D'AMITIE

conclu en 1655

ENTRE CONSTANTIN SERBAN, PRINCE DE ROUMANIE

ET

GEORGES RACOTZI, PRINCE DE TRANSYLVANIE (1)

---

1. Nous serons toujours ami de Sa Majesté et de ses successeurs, et ennemi de ses adversaires; nous instruirons à temps Sa Majesté de tout ce que nous saurons lui être préjudiciable; et si Sa Majeste nous le demande, nous serons prêt à lui venir en aide en personne et avec notre armée.

Nous ne conclurons aucun traité d'alliance

(1) Traduit du hongrois d'après le texte publié dans Kemény, Tome I. page 18.

contre Sa Majesté, et, dans le cas où nous apprendrions qu'un traité de cette nature a été conclu entre nations étrangeres contre Sa Majesté, nous nous empresserons de l'en informer sans retard, faisant tout ce qui nous sera possible à l'égard de ces trois pays pour plaire à Sa Majesté et nous conformer à ses désirs.

2. Les frontières de Transylvanie resteront sous notre règne ce qu'elles étaient au temps de Mathieu-Voda, et les Transylvains ne seront point inquiétés à cet égard; en ce qui concerne le pacage des bestiaux sur la frontière de ce pays, nous exigeons d'avance le bon ordre, que nous ferons observer également à nos sujets, et nous maintiendrons à tous égards nos relations de bon voisinage sans tolérer aucune infraction aux lois.

3. Après que la providence aura apaisé cet état de chose, nous serone prêts, avec tous nos fidèles et valeureux sujets, à rendre de véritables services à Sa Majesté, et notre loyauté nous en fait un devoir.

4. Les fonctionaires supérieurs, admis à faire partie de mon entourage, ne seront choisis que parmi les personnes qui pourront être agréées par Sa Majésté, et dans le choix de ces personnes nous tâcherons de satisfaire à ses desirs.

5. Les sentiments si bienveillants dont Sa Majesté est animee à notre égard, nous ont fait abandonner l'ancien usage adopté par mon prédécesseur Matheiu-Voda. d'offrir annuellement un présent de 2500 ducats en vieil argent, et nous offrons 3000 ducats, somme que nous nous efforcerons de verser tous les ans. Nous nous obligeons et jurons, en prenant à témoins Dieu, l'Evangile, l'Eglise et les Apôtres, d'observer en tous points l'engagement que nous venons de formuler; dans le cas contraire, que le séjour des heureux nous soit refusé, et que nous ayons le sort de Judas et d'Arius.

Fait dans notre cité de Tergu-Vestei.

Ion Constantin-Voda.

TRAITE

conclu en 1711, 18 Avril

ENTRE CANTÉMIR, PRINCE DE MOLDAVIE.

ET

LE CZAR PIERRE-LE-GRAND [1]

ART. 1. — *Le très-éclairé prince de Moldavie avec tous les boyards, bourgeois et individus de toutes les classes du peuple moldave, avec toutes les villes et les localités de ce pays, sera considéré dorénavant, en sa qualité de sujet fidèle, comme le protegé de notre Majesté Impériale, et après réception du présent acte il nous prêtera tout d'abord, sous la foi du secret, le serment d'usage qu'il écrira et souscrira de sa propre main en y*

(1) Extrait de la collection des lois russes Polnoe Sobranie Zakonov, Tome 4, page 659.

apposant le sceau princier, et qu'il nous renverra avec un homme sûr, le plus tôt possible, au plus tard vers la fin du mois de Maï v. s.; jusqu'à l'entrée de nos armées sur le territoire de Moldavie, il doit observer le secret le plus absolu. En même temps il nous donnera par une correspondance, également secrète, et autres moyens, son plus puissant et fidèle concours.

Art. 2. — *Toutefois, lorsque nos armées auront pénétré dans la principauté de Moldavie, alors on fera savoir au très-éclairé prince, comme à notre sujet, qu'il ait à s'attacher avec toute son armée auprès de la nôtre pour combattre ensemble l'ennemi et les alliés qui ont pris les armes contre la Sainte-Croix. De notre côté nous nous engageons à entretenir pendant ce temps la dite armée avec les finances de notre état. Il nous aidera pareillement de ses précieux conseils sur les opérations militaires, et il sera placé, lui et ses descendants, sous la protection et la dépendance de Notre Majesté Impériale et de nos successeurs.*

Art. 3. — *En foi de quoi, nous, grand souverain et Majesté Impériale, nous lui donnons l'assurance pour nous et les héritiers de notre trône que nous n'aurons point le droit d'appeler à la principauté de Moldavie un prince de Valachie ou de tout autre famille étrangère, surtout après que le très-éclairé prince Démètre Cantémir nous a montré tant de fidélité; nous soutiendrons sur le trône de Moldavie toute sa famille de mâle en mâle avec le titre de souverain, à moins que quelque memhre de cette famille ne renonce à la religion de l'église d'orient ou ne viole la foi jurée à notre Majesté Imdériale.*

Art. 4. — *Si quelqu'un commettait l'indignité d'apporter des entrâves à nos décrêts, fait pour lequel il serait puni suivant la loi religieuse ou civile, alors son fils lui succéderait, si sa fidélité était bien constatée; si au contraire celle-ci inspirait des doutes, on nommerait un autre prince, capable, soumis et sans tâche, également membre de la famille des Cantémir établie dans cette principauté,*

Art. 5. — *Si la principauté de Moldavie était promise à d'autres princes, cette promesse est annulée par le présent traité.*

Art. 6. — *Suivant l'ancienne coutume de la Moldavie, tout le pouvoir de l'etat résidera dans la main du prince.*

Art. 7. — *Le prince et les boyards de Moldavie jouiront des mêmes droits qu'anciennement, sans aucune modification des lois.*

Art. 8. — *Le prince, conformément aux anciens us, sera maître de toutes les villes de Moldavie comme si elles lui appartenaient, et ne pourra rien ajouter ni retrancher aux revenus de cette principauté.*

Art. 9. — *Les nobles, ainsi que tous les sujets de la principaute, seront soumis aux ordres du prince, sans pouvoir opposer aucun prétexte, à l'exception de ce qui est dit à l'art. 3, dans lequel cas ils ne lui accorderont aucune obéissance.*

Art. 10. — *Toute justice dépend du prince et, sans un décrêt de celui-ci, rien n'est valable;*

notre Majesté Imperiale ne pourra s'immiscer dans les questions de cette nature.

Art. 11. — *Les limites de la principauté de Moldavie, suivant ses droits antiques, sont celles qui se terminent au Dniester, Camenetzu, Bender avec le territoire du Budgek, le Danube, la Munténie, le grand-duché de Transylvanie et le territoire de Pologne, d'après la délimitation qui en a été faite.*

Art. 12. — *Les forteresses de la principauté de Moldavie, les villes et autres localités fortifiées ayant garnison princière, peuvent être maintennes en état de blocus, si Notre Majesté Impériale le juge nécessaire.*

Art. 13. — *Si la paix est conclue entre notre Majesté Impériale et le Sultan, la principauté de Moldavie ne sera jamais privée de notre aide et assistance, et nous tâcherons que la protection de notre Majesté Impériale soit assurée à la Moldavie.*

Art. 14. —*Dans le cas où l'ennemi prendrait possession de la Moldavie et y établirait son administration païenne, alors le très-éclairé prince de Moldavie recevra, avec notre permission, l'hospitalité dans notre Empire, où il touchera annuellement de notre trésor public autant d'argent pour son entretien qu'il en suffit à un souverain; ses successeurs seront également secourus par notre Majesté Impériale.*

Art. 15. — *En échange des propriétés ainsi que des palais qu'il possède à Constantinople et qu'il laisse à notre Majesté Impériale, nos lui en offrons d'autres à Moscou.*

Art. 16. — *Nous nous obligeons à ce que les héritiers de notre Majesté Impériale observent éternellement ce pacte et le conservent intact, en le confirmant.*

Art. 17. — *Le présent acte et ses dispositions n'auront d'effet et de force que lorsque le très-éclairé prince Démètre Cantémir, aura prêté son serment de fidélité devant la Sainte-Croix, ainsi qu'il est dit plus haut, et qu'il s'engagera à être toujours soumis à nos decrêts et à nous servir loyalement; ce serment, il le signera de sa main et le fera parvenir à notre Majesté Impériale, tout en s'efforçant de tenir ses engagements. Après l'entrée de nos armées en Moldavie, il fera prêter serment de fidélité envers nous à tous les nobles et bourgeois, à l'armée et au peuple Moldaves; en retour de quoi, nous, Grand Souverain et Majesté Impériale, nous l'accueillons, à titre de réciprocité, et lui promettons de protéger toujours le peuple moldave contre ses ennemis.*

www.ingramcontent.com/pod-product-compliance
Ingram Content Group UK Ltd.
Pitfield, Milton Keynes, MK11 3LW, UK
UKHW020213200726
13856UKWH00004B/1364